GOLFE

Do *tee* ao *green* - o guia essencial para os jovens golfistas

GIRASSOL

Dados Internacionais de Catalogação na Publicação (CIP)
(Câmara Brasileira do Livro, SP, Brasil)

Gifford, Clive
  Golfe : do tee ao green : o guia essencial para os jovens golfistas / Clive Gifford ; [tradução Rodrigo Popotic]. – Barueri, SP : Girassol, 2010.

  Título original: Golf.
  ISBN 978-85-394-0123-9

  1. Golfe 2. Literatura juvenil I. Título.

10-07691   CDD-028.5

Índices para catálogo sistemático:
1. Golfe : Esportes : Guia : Literatura juvenil
028.5

Edição original publicada pela Kingfisher,
um selo da Macmillan Children's Books
Copyright © Macmillan Children's Book 2010
Consultoria: Jason Muller
Fotografia: Dean Steadman

Agradecimentos: Marriott Tudor Park Hotel & Country Club, Bearsted, Kent
e aos modelos Anna Baker, Charlotte Copeland, Kira Elliott, Nicole Elliot, Mollie Lawrence,
Toby Penniall, Ben Scanlan, Jaskeerath Singh, Tavleen Singh e Rylie Turner.
E também à Titleist, FootJoy e Cobra que gentilmente forneceram os equipamentos de golfe.

Publicado no Brasil por
Girassol Brasil Edições Ltda.
Al. Pucuruí, 51-59 - Bloco B
1º andar - Conj. 1010 - Sala 2
Tamboré - Barueri - SP - 06460-100
leitor@girassolbrasil.com.br
www.girassolbrasil.com.br

Coordenação editorial: Karine Gonçalves Pansa
Assistente editorial: Carolina Cespedes
Edição: Monica Fleischer Alves
Diagramação: Patricia Benigno Girotto
Tradução: Rodrigo Popotic
Revisão Técnica: Fernando Figueiredo Pádua Soares (Dino)

Impresso na China

Nota aos leitores: os endereços eletrônicos mencionados neste livro estão corretos
no momento da publicação. Porém, devido à natureza inconstante da internet,
os endereços e conteúdos podem se alterar. Alguns sites podem conter links impróprios para crianças.
Os editores não podem ser responsabilizados por mudanças no endereço ou conteúdo dos sites,
nem por informações obtidas através de sites de terceiros.
Recomendamos que as pesquisas na internet sejam sempre realizadas
sob a supervisão de um adulto.

GOLFE

Do *tee* ao *green* - o guia essencial para os jovens golfistas

CLIVE GIFFORD

GIRASSOL

Sumário

O grande jogo	6
Na bolsa	8
O percurso	10
Jogando um buraco	12
O ponto de partida	14
A pegada	16
O alinhamento	18
Grande tacada!	20
Aperfeiçoando o swing	22
Erros no swing	24
Praticando	26
Lançando a bola	28
Atravessando o fairway	30
Tacadas altas	32
Tacadas baixas	34
Caindo no bunker	36
Na grama alta	38
Bola perdida	40
No green	42
No buraco	44
Concentração total	46
Jogo de números	48
Golfe profissional	50
Os Majors	52
Grandes buracos	54
Lendas do golfe	56
Lendas do golfe 2	58
Golfe ao extremo	60
Glossário	62
Índice remissivo	64

O grande jogo

O golfe é um empolgante jogo de força, precisão e frieza que desafia constantemente os jogadores. Nele, utiliza-se um taco para acertar uma bola em um pequeno buraco no menor número de tacadas possível. Uma partida normal de golfe é jogada em 18 buracos em um percurso, circuito ou campo. Cada buraco testa o jogador e suas habilidades de maneiras distintas. Milhões de jogadores praticam o golfe por diversão, enquanto que nos níveis mais altos, os grandes profissionais ganham milhões nas competições. Em todos os níveis, o golfe é um jogo que pode ser praticado por toda a vida. Lorens Chan tinha apenas 14 anos quando participou do Sony Open em 2009, enquanto que Jerry Barber tinha 77 quando jogou um torneio profissional em 1994.

Os jogadores de golfe sempre se vestem de forma elegante. Costumam usar calças ou saias e camisas de manga curta com gola, folgadas o suficiente para que seus braços e corpos tenham liberdade de movimento. No frio, usam coletes e, nas partidas em dias de chuva, calças e jaquetas à prova d'água.

Existem mais de 30 mil campos de golfe por todo o mundo. A cerca de 3.340 m acima do nível do mar, o clube de golfe de La Paz, na Bolívia, possui o mais alto circuito de 18 buracos do mundo.

O taco de golfe é erguido para trás das costas, e então projetado para frente e para baixo em um movimento circular para acertar a bola quando o taco chega à parte mais baixa. Esse movimento de giro do corpo e dos braços de um golfista pode gerar uma força muito grande – os grandes jogadores podem mandar uma bola a uma distância de 300 metros.

Introdução

"O golfe é ilusoriamente simples e infinitamente complicado."

Arnold Palmer

Tiger Woods, o melhor jogador de golfe do mundo há mais de uma década, acertou seu primeiro buraco aos 6 anos de idade! Nesta foto, ele estava com 14 anos e já era extremamente talentoso.

Enquanto muitas tacadas percorrem grandes distâncias, as que fazem mais sucesso são as tacadas curtas no *green*, chamadas de *putts*, que mandam a bola direto para o buraco.

HOLE-IN-ONE: acertar a bola no buraco em uma tacada só.

Termos do golfe

Na bolsa

O equipamento de golfe consiste em alguns tacos de madeira, tacos de ferro e um *putter*, taco de cabeça quase plana para se jogar no *green*. Jogadores jovens e os mais baixinhos podem usar tacos mais curtos, de tamanho apropriado, que são mais fáceis de segurar e de dar o *swing*. Os iniciantes também podem começar jogando com metade dos tacos, com duas madeiras, três ou quatro ferros, um *wedge* e um *putter*.

A bolsa – ou taqueira – de um golfista costuma guardar bolas reservas e itens como capas de chuva, um guarda-chuva e uma garrafa d'água. Um golfista pode levar até 14 tacos dentro na bolsa, desde o madeira um, ou *driver*, o maior taco dentro da bolsa, até *wedges*, que são os tacos usados para dar tacadas altas e curtas.

Driver ou madeira um

Ferro três

Putter

Bonés
Luvas
Bolas
Mapa do circuito
Reparador de *pitch*
Tees
Marcadores de bola
Lápis
Caneta para marcar bolas
Cartão de pontuação

Acima, outros itens que os golfistas costumam carregar na bolsa. *Tees* elevam a bola acima do nível do solo. Os reparadores de *pitch* são usados para elevar e reparar o solo afundado por uma bola.

Introdução

Capas de madeira protegem as cabeças dos tacos

Ferro seis

Os tacos possuem ângulos diferentes em suas faces, como vemos acima. O ferro três (à frente) mandará a bola mais baixa e mais longe que o ferro nove (atrás).

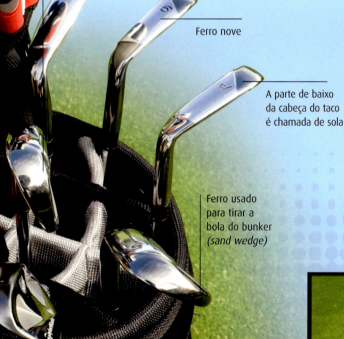

Ferro nove

A parte de baixo da cabeça do taco é chamada de sola

Ferro usado para tirar a bola do bunker *(sand wedge)*

Uma luva de golfe é usada na mão esquerda se o jogador for destro e na direita se for canhoto. Ela ajuda a melhorar a pegada e evitar bolhas, e deve ficar justa.

As madeiras possuem cabeça maior e são usadas para mandar as bolas a longas distâncias. Os ferros são numerados de um a nove. Números mais baixos mandam a bola mais baixa, mas a maiores distâncias. Quanto maior for o número, maior será o ângulo na face do taco, e mais altura a bola pegará.

Um taco de golfe é uma grande vara com um *grip* de borracha ou couro numa das extremidades e a cabeça na outra. A parte achatada e larga que acerta a bola é chamada de face.

Termos do golfe | **ÂNGULO DE *LOFT*:** a quantidade de ângulo na face do taco.

O percurso

Uma partida de golfe é disputada em um percurso de 18 buracos. Esses buracos são estrategicamente colocados em distâncias variadas e oferecem inúmeros desafios. Cada buraco começa na área do *tee* e termina no *green*, onde se encontra um buraco de 10,8 cm indicado por uma bandeira. Entre o *tee* e o *green* pode haver árvores, locais de grama alta (chamada de *rough*), *bunkers* (obstáculos de areia) e lagos ou riachos chamados de azares de água.

Observe sempre o mapa ou diagrama do circuito, que é encontrado na sede do clube ou na parte de trás do cartão de pontuação. Ele dá ao jogador uma ideia dos desafios que vai encontrar.

Sensibilidade e um planejamento cuidadoso são a chave para se terminar o percurso com uma boa pontuação.

Os *greenkeepers* (jardineiros), aqui nos cortadores de grama, garantem que o campo permaneça impecável. É possível ajudá-los não deixando lixo e reparando qualquer dano causado no percurso, como a recolocação dos *divots* no lugar (veja página 31).

Introdução

Quando estiver no campo, procure jogar rapidamente para não atrasar os jogadores que vêm atrás.

Muitos campos de golfe possuem áreas para treinos onde os golfistas podem se aquecer antes da partida. Esses jovens golfistas estão treinando seus *putts* numa área reservada para essa finalidade.

Um buraco que tenha uma curva fechada no seu *fairway* (área entre o *tee* e o *green*) e que do *tee* não se veja o *green* é chamado de *dogleg*. Os jogadores podem ter que aplicar uma tacada mais curta ou precisa para dar a volta na curva.

Cada buraco começa na área do *tee*, de onde a bola é lançada. Pares de marcadores coloridos mostram as posições iniciais para juniores, mulheres, homens e competidores.

Termos do golfe · **ÁREA DO *TEE*:** a área demarcada para o início do buraco.

Jogando um buraco

O golfe pode ser jogado individualmente ou em grupos de até quatro jogadores. A primeira tacada de um golfista é um *drive* da área do *tee*. Sua última tacada num buraco será aquela em que ele acertar a bola dentro do buraco no *green*. Do começo ao fim, todos os golfistas precisam seguir as regras do esporte, ser educados e respeitosos (essa é a etiqueta). Isso inclui manter silêncio e permanecer imóvel quando outro golfista for jogar.

Uma rodada geralmente começa no buraco um, embora os golfistas possam ser direcionados pelas placas no campo a começar em um buraco diferente. Onde quer que você comece, tente jogar o mais rápido possível. Se estiver atrasando os outros golfistas, você deve sinalizar para que eles passem à sua frente.

Essa jogadora completou sua segunda tacada do *fairway*. Só toque a bola quando os outros jogadores no circuito estiverem fora do alcance da sua tacada.

O jogador começa um buraco colocando a bola no *tee* e dando a tacada inicial. Os outros jogadores ficam afastados, em silêncio, e observam a viagem da bola para que possam ajudar a golfista caso ela perca a bola de vista.

Introdução

Uma vez no *green*, os golfistas usam seus *putters* para bater na bola. Se quiserem, antes de jogar, eles podem remover objetos soltos no *green*, como folhas.

Estas jogadoras estão saindo ligeiramente do *green* após completarem o buraco. Cuide sempre do *green*: jamais corra no gramado, repare as marcas de *pitch*, deixe sua bolsa fora dele e recoloque a bandeira após completar o buraco.

Pediram a esta golfista para que tomasse conta da bandeira, segurando-a perpendicularmente e tirando-a do caminho da bola. Se seu *putt* acertar o mastro da bandeira, você deve adicionar duas tacadas de penalidade à sua pontuação.

Mantenha uma contagem honesta de suas tacadas, incluindo qualquer cutucada acidental na bola ou tacadas em que você erre completamente a bola. Se você der uma tacada errada, que pode atingir outros golfistas, imediatamente grite "Fore!" (pronuncia-se *fór*) como alerta. Se você ouvir esse grito, coloque as mãos em cima da cabeça e abaixe-se para se proteger.

Pontuação por buraco

Eagle	duas tacadas abaixo do par
Birdie	uma tacada abaixo do par
Par (Professional Average Regulation)	
Bogey	uma tacada acima do par
Double bogey	duas tacadas acima do par

O cartão de pontuação de um campo marca as tacadas do par de cada buraco. Este é o número de tacadas que, imagina-se, um jogador muito bom precise para completar um buraco. Sempre marque sua pontuação ao deixar o *green*.

Grandes nomes

A bola deste golfista acabou indo parar no *rough* à direita do *fairway*. Ele usa um ferro curto com bastante ângulo para jogar a bola alta e sair deste problema.

Esta golfista joga uma tacada baixa e curta, mirando no *green*. Quando estiver jogando em grupo, o golfista que está mais longe do buraco deve jogar antes.

Greg Norman
Greg Norman, o maior jogador de golfe profissional da Austrália, era conhecido por seus *drives* longos e precisos que o deixavam frequentemente em ótima posição para chegar ao *green* e conseguir um *birdie*.

MARCAS DE PITCH: saliências no *green* causadas pela aterrissagem das bolas.

Termos do golfe

O ponto de partida

Um campo de golfe completo pode parecer intimidador quando se está começando a jogar. Felizmente, existem muitos outros lugares onde você pode praticar suas tacadas e melhorar seu jogo, desde campos públicos e *greens* para *putts* a campos de "*pitch 'n' putts*" e locais para treinar os *drives*. Os "*pitch 'n' putts*" são campos menores, que têm entre 30 e 100 metros do *tee* ao buraco, encontrados em muitos resorts. Eles são um excelente teste para suas tacadas curtas e *putts*.

Você pode praticar tacadas curtas usando como alvo um ou mais guarda-chuvas abertos para tentar acertar a bola neles.

Nos locais onde se pode treinar *drives*, é possível comprar um balde ou cesta de bolas que você bate de uma área chamada baía. A maioria desses locais possui marcadores de distância e bandeiras. Veja onde sua bola cai e rola. Com o tempo, você tem uma ideia clara do quanto cada bola voa com cada taco da bolsa.

Situado no centro de Tóquio, o Jingu Driving Range possui 163 baías de *drive* em três andares diferentes. Nesses locais para treino de *drives*, você pode praticar suas tacadas sem ter que andar para recolher as bolas.

Para muitas crianças, a primeira experiência num jogo de golfe se dá em um campo de minigolfe. Elas precisam jogar a bola num campo pequeno passando por muitos obstáculos até o buraco.

Entrando no jogo

Greens para *putts* são encontrados em alguns parques. Se estiver tranquilo, pratique umas três ou quatro bolas em cada buraco, ajustando sua mira e força de *putt* com base nas tacadas anteriores.

Grandes nomes

TIGER WOODS
Grandes jogadores, como Tiger Woods, nunca dão tacadas de uma baía de *drive* sem objetivo. Em vez disso, planejam cada tacada. E variam suas sessões de treinamento para deixá-las interessantes, começando com tacadas curtas para ganhar ritmo.

Termos do golfe — **PUTT:** tacada curta usando um *putter* para rolar a bola no *green*.

A pegada

Um bom *swing* começa com uma pegada – ou *grip* – precisa e controlada do taco. Uma boa empunhadura facilita o momento de bater na bola com precisão. Segure o taco à sua frente. Comece deixando mãos e braços deslizarem naturalmente, e então agarre o taco com a mão esquerda (se você for destro). A outra mão desliza por cima e se fixa no taco assegurando que ele fique equilibrado e sob controle.

A pegada pode parecer estranha no começo, mas depois de praticar várias vezes ela vai se tornando natural. Tente segurar o taco de forma leve nos dedos, e não na palma da mão. Pense mais em "segurar" do que em "empunhar".

O peso se concentra do lado esquerdo durante o *backswing* desta golfista canhota

Mantenha o peso concentrado no centro, não deixando que ele se afaste muito deste ponto.

Antes de praticar, procure se alongar bastante, afinal, haverá muito esforço pela frente. O alongamento também previne lesões.

Em pé, mantenha o braço esticado na frente do corpo. Segure por dez segundos e troque de braço.

Segure um taco nas duas extremidades e gire o quadril para alongar as costas e as laterais do corpo.

Para alongar o punho, segure as pontas dos dedos e puxe-os para trás, em direção ao corpo. Faça isso com as duas mãos.

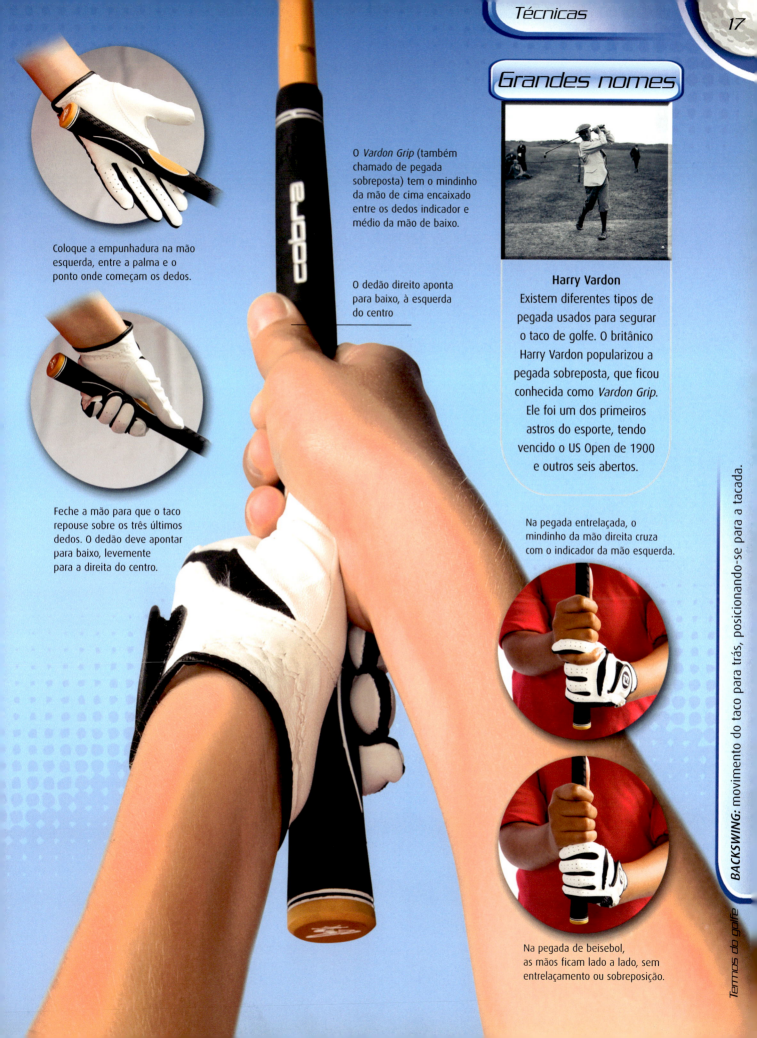

Técnicas

Grandes nomes

Coloque a empunhadura na mão esquerda, entre a palma e o ponto onde começam os dedos.

Feche a mão para que o taco repouse sobre os três últimos dedos. O dedão deve apontar para baixo, levemente para a direita do centro.

O *Vardon Grip* (também chamado de pegada sobreposta) tem o mindinho da mão de cima encaixado entre os dedos indicador e médio da mão de baixo.

O dedão direito aponta para baixo, à esquerda do centro

Harry Vardon
Existem diferentes tipos de pegada usados para segurar o taco de golfe. O britânico Harry Vardon popularizou a pegada sobreposta, que ficou conhecida como *Vardon Grip*. Ele foi um dos primeiros astros do esporte, tendo vencido o US Open de 1900 e outros seis abertos.

Na pegada entrelaçada, o mindinho da mão direita cruza com o indicador da mão esquerda.

Na pegada de beisebol, as mãos ficam lado a lado, sem entrelaçamento ou sobreposição.

Termos do golfe — **BACKSWING:** movimento do taco para trás, posicionando-se para a tacada.

O alinhamento

Com o taco empunhado, está na hora de alinhar a tacada. A posição inicial é com o taco atrás da bola, a face dele apontando para o alvo, e seu corpo na posição certa para o *swing*. Tente se habituar à mesma rotina cada vez que for fazer a posição inicial. Isso ajudará você a dar tacadas mais precisas.

A distância entre os pés e a bola varia de acordo com o taco. As madeiras e os ferros mais longos deixam o jogador mais distante da bola. Tacos mais curtos como um ferro nove farão você se aproximar dela.

Leve o tempo que precisar para se ajustar cuidadosamente. Embora as tacadas do golfe sejam dadas a longas distâncias, sair do eixo em alguns centímetros pode levar sua bola a aterrissar metros longe do seu alvo.

Repouse o taco levemente ou deixe-o perto do chão

Alinhe os ombros paralelamente à linha do taco

Incline-se para frente

Costas retas

A cabeça apontada para baixo, mas com o queixo erguido

O ombro direito um pouco para baixo, pois a mão direita está empunhando o taco mais embaixo que a esquerda

Joelhos levemente flexionados

Para ajustar sua posição inicial, alinhe a face do taco diretamente atrás da bola, apontando para o alvo.

Com as duas mãos no taco para empunhá-lo corretamente, o golfista dá um passo em direção à posição inicial, com os pés apontando numa linha paralela na direção em que a cabeça do taco aponta.

Solte os braços. Isso o ajuda a dar um espaço entre as pernas e as mãos que estão empunhando o taco.

Técnicas

19

Postura aberta
Para um golfista destro, uma posição aberta deixa os pés e o corpo apontando para a esquerda, e não paralelamente ao taco, que aponta para frente. A bola provavelmente vai fazer uma curva para a direita.

Postura fechada
Nela, os pés apontam para a direita. Geralmente ocorre quando o golfista aponta os pés em direção ao alvo. A bola tende a ir à esquerda do alvo.

Postura arqueada
Um grande erro é posicionar o corpo como se estivesse sentando num banco. Isto torna o *swing* difícil.

Corpo inclinado à frente do quadril

Peso distribuído igualmente sobre os pés

Vistos de cima, pés, quadril e ombros devem apontar numa linha paralela àquela em que você quer bater na bola

Grandes nomes

Ernie Els
O sul-africano Ernie Els é conhecido como "Big Easy" por seu *swing* leve e gracioso. Ele se certifica de estar perfeitamente alinhado na posição inicial para que seu poderoso *swing* mande a bola longe e na direção certa do alvo.

A linha formada pelos pés corre paralela ao alvo

Direção da bola ao alvo

Taco posicionado em frente aos dedos para mostrar para onde os pés apontam

Aponte o taco, não seu corpo, para o alvo.

Termos do golfe — **SLICE:** uma tacada com curva ou efeito para a direita do alvo quando o golfista é destro.

A cabeça com foco na bola

Peso do corpo sobre o pé direito

① Depois de treinar vários *swings*, comece na posição inicial, com os pés, corpo e taco bem alinhados ao alvo.

② Girando os ombros, comece o *backswing* afastando o taco da bola. Mantenha a cabeça do taco baixa e os pulsos firmes até o taco passar da linha horizontal.

③ Seus punhos se dobram enquanto os ombros continuam girando e o taco se desloca para trás da sua cabeça. O ombro esquerdo se desloca para baixo da sua cabeça, que permanece focando a bola

Joelhos levemente dobrados e corpo bem equilibrado

Face do taco apontando para o alvo

Grande tacada!

Embora um *swing* completo esteja dividido em diferentes passos de aprendizagem, ele é um movimento contínuo e suave. Uma vez alinhado à posição inicial, leve o taco para trás, baixo a princípio, girando os ombros e com o resto do corpo e os braços acompanhando o movimento. À medida que o *backswing* continua, seus punhos se curvam ou se dobram conforme o taco corre para cima e atrás da sua cabeça para completar o movimento. Ao final do movimento, seu corpo está torcido como uma mola. É o "desenrolar" do seu corpo, quando o taco volta à posição inicial, que dá força ao *swing*. Isso deve ser natural, sem pressa e sem forçar. Não jogue o taco para baixo com sua mão direita. Em vez disso, leve a mão e o braço esquerdo para baixo em direção à bola conforme seu corpo começa a girar e subir ao final do movimento.

Técnicas

O peso do corpo passa do pé direito para o esquerdo

A perna direita se flexiona no joelho

A perna esquerda permanece reta

4 Começando pelos ombros, "desenrole" o corpo, girando enquanto seu braço direito puxa o taco para baixo em direção à bola.

5 Seus punhos ficam retos novamente e a cabeça do taco fica para trás da sua mão durante o trajeto até que a bola seja acertada. Sua cabeça deve ficar parada e voltada para baixo.

6 O taco se choca rapidamente com a bola, mandando-a para o alto. Procure dar uma tacada ligeira e limpa, com o centro da face acertando a bola em cheio.

7 O quadril continua a girar enquanto o taco segue para cima sobre seu ombro. Você deve terminar com a fivela do cinto apontando na direção do alvo.

À medida que seu corpo se desenrola, seu peso passa do pé direito para o esquerdo. Depois que a face do taco acerta a bola, seu corpo continua girando enquanto o taco se desloca em seu caminho. Mantenha a cabeça virada para baixo até que seu ombro direito fique abaixo do seu queixo. Complete o *swing* num final bem equilibrado, com seu peito na direção do alvo e seu peso bem balanceado sobre a perna esquerda com o pé direito virado e o calcanhar levantado. Lembre-se, a chave para uma tacada longa e precisa não é a força bruta, mas a manutenção de um ritmo contínuo e suave.

Grandes nomes

Lorena Ochoa
A número um do mundo, Lorena Ochoa, é baixinha, mas mesmo assim manda a bola mais longe e com maior precisão que suas rivais. Seu segredo é o *swing* bem treinado que possui um tempo perfeito para gerar energia.

Mantenha a pegada durante o *swing*, sem forçar muito. Você quer obter controle, mas sem tensionar mãos e braços.

Certifique-se de que o taco flutue próximo ao solo durante os primeiros centímetros em que se afasta da bola.

Mantenha a cabeça parada, voltada para baixo, e os olhos na bola durante a tacada. A cabeça só se move quando você completa o movimento, girando.

FLUFF: Tacada em que a cabeça do taco bate no chão antes de tocar a bola.

A cabeça fica voltada para baixo, focando onde a bola estaria

O ombro gira

O peso fica no lado direito durante o *backswing*

Num *swing*, os movimentos do corpo e do braço podem ser praticados em qualquer lugar, mesmo sem taco. Pense nos diferentes movimentos que o corpo faz, incluindo o giro dos ombros, braço e punho. Depois de um tempo, esses movimentos se tornarão familiares.

Lembre-se de que sua cabeça permanece imóvel enquanto seu ombro se desloca sob o queixo. O braço esquerdo fica esticado ao longo do peito durante o *backswing*.

Aperfeiçoando o swing

Seja paciente. Serão necessários tempo e prática para ajeitar seu *swing* até que ele fique natural e você possa repeti-lo várias vezes de maneira igual. Com tantas dicas e informações na cabeça, é normal que você fique tenso ao começar o movimento. Respire fundo e solte os quadris. Você precisa ficar relaxado para que o *swing* funcione da melhor maneira.

Lembre-se, o objetivo de sua posição inicial, postura e *swing* é acertar a face do taco na bola de maneira limpa e rápida. Perceba a sensação ao acertar uma boa tacada. Você quase não deve sentir o impacto do taco na bola.

Técnicas

Mantenha o taco próximo ao chão durante o início do backswing.

Certifique-se de estar segurando o taco de modo leve. Alguns jogadores acreditam que uma sacudida nos ombros e braços pouco antes de se posicionar para a tacada os deixam mais relaxados.

Ao final do movimento, você deve estar ereto e equilibrado. Se você se desequilibrar dos seus pés, seu *swing* pode sair muito rápido e descontrolado ou sua postura pode ficar muito encolhida ou desequilibrada.

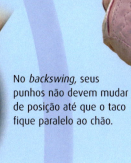

Perda de controle do taco

Corpo inclinando-se para trás

No *backswing*, seus punhos não devem mudar de posição até que o taco fique paralelo ao chão.

Durante o *backswing*, seus punhos se dobram para apontar o taco para cima, na direção do céu

① Mantenha os joelhos flexionados durante o *swing*, mas apenas um pouco para que você não diminua sua estatura.

② Durante o *backswing*, afaste o taco da bola, de forma leve e suave. O taco deve subir verticalmente enquanto seus braços ficam paralelos ao chão.

③ Com as mãos conduzindo o taco na descida, seus punhos devem estar logo à frente da cabeça do taco no momento em que ele bate na bola.

④ Não se incline para trás ou se erga no final do movimento. Mantenha a cabeça parada e pense na transferência de peso durante a tacada.

FLEXÃO: ligeira dobra dos joelhos durante o swing.

Termos do golfe

23

Erros no swing

Aprender a identificar e corrigir os erros é fundamental no aprendizado do golfe. Muitos erros no *swing* ocorrem devido a mau alinhamento, pegada ou postura quando você ataca a bola. Outros, como golpear a bola em cima dela, podem ser creditados a falhas durante o *swing*, como não manter a cabeça abaixada, ou ajeitar as pernas durante o movimento.

Ficar muito longe da bola pode fazer com que você a acerte apenas com a ponta da cabeça do taco. Outra causa podem ser seus braços se tensionando durante o *swing* e projetando a cabeça do taco para cima do seu corpo.

Manter o queixo abaixado restringe o movimento

Tome distância para que seu corpo possa se movimentar no *swing*

O formato em "L" ajuda na velocidade e na força

Deixe espaço na posição inicial para que seus braços e corpo possam se mover. Ficar muito próximo à bola pode atrapalhar seu *swing* fazendo com que você acerte a bola com a parte do taco em que a cabeça se junta com a vara.

Posicionar-se no formato "L" durante o *backswing* ajudará você a aumentar a velocidade da cabeça do taco e permitirá que o taco se aproxime da bola num bom ângulo, ocasionando uma boa tacada. Se não dobrar os punhos e deixá-los tão firmes quanto seus braços, você pode acabar acertando o solo antes da bola, acertá-la por cima ou não conseguir uma tacada tão longa.

Técnicas

Este golfista não alinhou a tacada corretamente. Como resultado, ele está se inclinando para trás, com a face do taco aberta, pouco antes de tocar a bola. Provavelmente isso fará com que a bola vá para a direita do alvo. Tente deixar sempre a face do taco reta quando ela acerta a bola.

Se segurar o taco mais para a esquerda, girar os ombros cedo demais ou a bola estiver muito longe da sua posição, você pode atingi-la com a face do taco aberta. Isso pode dar um efeito na bola – ela começa à esquerda, mas ganha efeito e cai à direita do alvo.

Arrume um técnico de golfe para que ele veja seu swing e ajude você a corrigir seus erros.

Braços esticados para frente

Um erro comum é dobrar os punhos e curvar os ombros durante o *follow-through*, mandando o taco muito cedo para cima da cabeça. Seus braços devem ficar esticados durante o *follow-through*.

A maior parte do peso deve estar sobre o pé de apoio no final do *backswing*. Muito peso sobre o pé da frente nesse momento significa que você pode acertar o solo, resultando numa tacada ruim e fraca.

Tente manter o braço esquerdo bem esticado. Curvá-lo demais na altura do ombro reduzirá a velocidade do seu *swing* e não deixará espaço para que o taco desça até a bola no ângulo certo.

FOLLOW-THROUGH: a etapa do *swing* depois que a bola foi acertada.

Praticando

A prática constante é a única maneira de melhorar seu jogo. Ainda assim, ela pode ser divertida, variada e desafiadora. Em casa, você pode treinar a postura, a pegada e seus *putts* usando um copo como alvo. Seus *swings* podem ser praticados sem bola no jardim (com um tapetinho para proteger a grama) ou utilizando uma bola de treinamento presa a um fio curto ou uma vara curta.

Treinar os *putts* de distâncias diferentes ajudará você a acertar a extensão do seu *swing*.

Não pratique a esmo. Sempre utilize alvos e concentre-se como se estivesse num percurso de verdade. Treinar bastante entre uma lição e outra é uma ótima maneira de melhorar, já que você pode colocar em prática as dicas e exercícios que aprendeu na lição anterior.

Um pequeno ajuste na pegada ou no posicionamento pode levar a grandes melhoras na precisão.

Um treinador de golfe acerta a posição da mão de uma jogadora enquanto ela se prepara para o *putt*. Um bom professor ou treinador de golfe pode tirar suas dúvidas, melhorar a técnica e estabelecer metas para você.

Atravessando o fairway

Embora alguns jogadores prefiram utilizar uma madeira três ou quatro ou um taco híbrido para jogar na parte plana do *fairway*, a maioria das tacadas nesse local é feita com ferros. Assim como no seu *drive*, planeje a tacada sabendo a distância que você pode alcançar com cada taco, e mire onde deseja mandar a bola – não saia dando tacadas a esmo pelo *fairway*.

Um taco híbrido é uma inovação moderna. Ele é um misto de madeira e ferro, e oferece um bom controle no *fairway*. Muitos jogadores acham esses tacos mais fáceis de utilizar do que ferros longos como o três ou o quatro.

1 Quando estiver num declive, incline-se na direção dele e deixe que o peso de seu corpo fique sobre seu pé dianteiro para evitar que você caia para trás.

2 Se o declive for íngreme, a bola irá para cima. Portanto, utilize um taco mais comprido que o normal (um ferro cinco em vez do seis, por exemplo).

Alinhe a bola entre seus pés. Com ferros maiores, a bola deve estar mais próxima do pé dianteiro. Com ferros intermediários, ela deve estar mais ao centro. Mesmo que sua bola esteja na parte mais plana e de grama curta do *fairway*, você pode acabar sendo pego numa tacada complicada. Muitos *fairways* não são perfeitamente planos, o que pode levar você a jogar uma tacada de um declive ascendente, descendente ou lateral.

Entrando no jogo

Quando utilizar um *driver*, posicione-se de maneira a deixar a bola alinhada com o calcanhar do seu pé dianteiro.

Após concluir a tacada, observe a bola para ver onde ela vai cair. Arrume os *divots*.

Saiba o quão longe você consegue mandar a bola para se decidir por uma tacada curta ou por tentar ultrapassar os *bunkers* pelo *fairway*.

Este buraco tem um *dogleg* para a esquerda. Portanto, mire para o lado direito do *fairway* para uma melhor posição para a segunda tacada.

Com obstáculos à esquerda, ajuste o *tee* no lado esquerdo na área de lançamento e mire para fora deles.

Joelhos ligeiramente flexionados

Postura aberta para equilibrar

JARDAS: no golfe, as distâncias são medidas em jardas, cada uma equivalendo a 91,4 cm.

Termos do golfe

29

Lançando a bola

A primeira tacada do *tee* coloca você na linha para o resto do buraco. Quando estiver com outros jogadores, aquele que marcou a menor pontuação no buraco anterior tem a honra da primeira tacada. Ajeite sua bola entre os dois marcadores do *tee* e a até a distância de dois tacos para trás. Planeje sua tacada para que a bola caia num local bom para a tacada seguinte.

Um *tee* de boa altura permite a você ver pelo menos a metade superior da bola sobre a cabeça do taco de madeira quando você se dirige à bola.

Você precisa de uma postura boa e equilibrada, com os pés um pouco mais para fora que a largura dos seus ombros. Se estiver com um taco longo, como um *driver*, fique um pouco mais longe da bola. Embora seja tentador um *swing* forte e rápido, tente utilizar um suave e completo que "varra" a bola do *tee*.

Segure a bola e o pino do *tee* entre seus dedos e enterre o *tee* no solo.

O taco é erguido num *backswing* amplo e completo. O joelho direito, ligeiramente arqueado, ajuda no controle do taco.

O taco desce de forma suave e constante. Não arremesse ou empurre o taco para baixo com as mãos.

Mantenha os olhos focados na parte de trás da bola enquanto o taco bate nela de maneira estável.

Seu corpo continua a girar durante o *follow-through*, com o pé de trás virando para terminar o movimento na ponta dos dedos.

Técnicas

A cabeça exatamente acima da bola

O golfista vê se a pegada está correta antes do *putt*

Face do taco perpendicular à bola

Tacos deitados no *green* formam um corredor

Muitos campos de golfe possuem um buraco para treinos. É o local ideal para praticar e melhorar suas tacadas em *bunkers*.

Uma pequena cesta vira alvo para treinar as tacadas baixas em um parque.

Muitas escolas de golfe utilizam câmeras de alta velocidade para gravar o *swing* de um golfista. Elas podem ser reproduzidas em velocidade baixa, pausadas e ampliadas para que o treinador aponte as áreas onde se pode melhorar. Seu *swing* pode até mesmo ser comparado ao de um grande profissional.

Este golfista está checando seu alinhamento e força de *putt* usando dois tacos para formar um corredor pelo qual ele mandará a bola. Os tacos dão a ele um grande apoio visual para saber se seu *swing* de *putt* está preciso ou não.

Grandes nomes

Vijay Singh
Os grandes profissionais praticam muito. Poucos treinam mais que Vijay Singh, de Fiji, que geralmente acerta centenas de bolas durante um dia de treino. Ele bate várias bolas com cada taco, trabalhando um tipo de tacada por vez.

Termos do golfe — **ALINHAMENTO:** a forma como um golfista ajusta o taco e o corpo em relação à bola e ao alvo que ele mira.

Entrando no jogo

Uma boa tacada com ferro provavelmente levantará um tufo de grama quando você acertar o solo. Esse tufo de grama é chamado de *divot* e deve ser recolocado no percurso para ajudar a conservá-lo.

Esta tacada no *fairway* com um ferro de bastante ângulo levanta um bom pedaço de grama.

Pegue os tufos de grama e pressione-os suavemente de volta no lugar. Não aperte com força para não danificar as raízes.

Lembre-se de que você deve bater na bola como ela está, mesmo que tenha rolado para dentro de um local onde o *divot* não tenha sido recolocado.

Quando der uma tacada mirando no *green*, pense onde você quer que a bola caia e role, levando em conta também o vento e os declives no *fairway* ou no *green*.

① Com a bola sob seus pés, dobre mais os joelhos, mantenha um pouco do seu peso sobre os dedos e incline-se sobre o declive.

② A bola tende a ir da esquerda para a direita, portanto, mire um pouco à esquerda do seu alvo. Se for um declive muito forte, use um *swing* de três quartos para um melhor controle.

As tacadas no *fairway* que visam o *green* são chamadas de tacadas de *approach*. Quando for dar uma tacada de *approach*, escolha cuidadosamente o taco para mandar a bola na distância certa. Atente para os *bunkers* e outros azares que se ocultam em torno do *green*.

Termos do golfe — **DIVOT:** tufo de grama arrancado do chão com uma tacada e que deve sempre ser recolocado.

Tacadas altas

Uma tacada bem alta – *pitch* – e relativamente curta é feita geralmente com um ferro nove, *wedge* de *pitch* ou *sand wedge*. A bola vai alto e, se bem acertada, vai gerar um *backspin* (efeito para trás), o que significa que ela irá parar rapidamente assim que cair no solo ou rolará para trás. Os *pitches* são usados para mandar a bola ao *green*, mas também para superar obstáculos como arbustos ou para voltar ao *fairway*.

Os *pitches* são feitos com uma versão encurtada do seu *swing*. Você pode mudar a distância do *pitch* ao escolher um taco diferente ou controlando a distância que erguerá seu taco no *backswing*. Estimar a distância do alvo e o tipo de *pitch* são coisas que só virão com a prática e a experiência.

No ponto de contato, a face do taco acerta a bola perpendicularmente. O ângulo da face do taco manda a bola alta, logo, você não precisa inclinar para trás ou "cavar" a tacada.

① Para dar um *pitch* normal, posicione a bola no centro com uma fração maior do seu peso sobre seu pé de trás.

Vista de cima, esta golfista está dando um *pitch* curto com uma postura aberta. Os pés dela apontam bem para a esquerda do alvo.

Bola posicionada bem para trás

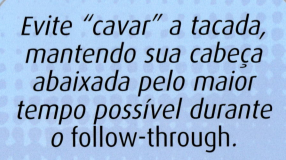

Evite "cavar" a tacada, mantendo sua cabeça abaixada pelo maior tempo possível durante o follow-through.

Entrando no jogo

Mantenha uma velocidade constante durante o *pitch*. Um ritmo estável no *backswing*, na descida e no *follow-through* terá mais chances de resultar numa tacada bem dada.

2 Gire seus ombros no *backswing*, mas observe as mãos para que elas cheguem à altura de um *swing* de três quartos, ou menos ainda se você quiser uma tacada mais curta. Deixe seus punhos se dobrarem completamente para ter um bom formato "L".

Um backswing *mais curto, um bom ritmo e um* follow-through *mais longo resultarão num* pitch preciso.

3 Dê um *swing* normal na descida, mantenha a cabeça abaixada o maior tempo possível e deixe o taco prosseguir naturalmente para cima.

Pratique seu *pitch* com frequência para aprender a distância tomada em cada *backswing* para mandar a bola a diferentes distâncias. Coloque alguns alvos em posições diferentes para ajudar.

Pratique dez tacadas com as mãos erguidas pouco acima da altura dos punhos, e então da altura do peito e dos ombros. Veja o quão longe a bola vai, onde ela aterrissa e quanto ela percorre rolando. Repita isso com diferentes tacos de *pitch*.

Termos do golfe — **BACKSPIN:** o giro da bola que a faz parar rapidamente quando aterrissa.

Tacadas baixas

As tacadas baixas – ou *chips* – são relativamente curtas e muito usadas para que a bola se aproxime da bandeira do *green* de um ponto fora dele. Elas também são usadas para que a bola passe baixo sob uma situação difícil, como para evitar os galhos baixos de uma árvore. O *chip* envolve diferentes posições e *swings* de outras tacadas. Pode parecer estranho a princípio, mas persista, pois pode ser uma tacada muito precisa – você pode aproximar muito a bola da bandeira para completar o buraco com um simples *putt*.

O *swing* das tacadas baixas é curto e feito com punhos firmes. Os grandes jogadores planejam sua tacada assim como planejariam um *putt*, selecionando um alvo, normalmente dentro do *green*, para mirar a queda da bola no seu primeiro quique. Se escolhem um ponto à direita e dão uma boa tacada, esperam que a bola role para cima e para baixo nos contornos do *green* para que ela chegue bem próxima ao buraco.

DICAS PROFISSIONAIS

Pratique o *chip* com diferentes tacos, do ferro seis ao *wedge* de *pitch*, para ver como cada um manda a bola de maneira diferente.

Os punhos se curvam um pouco, naturalmente, enquanto o taco retorna durante um *chip*, mas eles não se dobram como numa tacada de *pitch*.

Evite se inclinar para trás ao tentar levantar a bola num *chip*. Mantenha seu peso para frente.

Não deixe os punhos se erguerem numa tentativa de cavar a bola – mantenha-os firmes.

 Comece com a bola posicionada atrás da metade da sua posição. Seus pés devem estar próximos e ligeiramente mais perto da bola do que numa posição normal.

Entrando no jogo

Evite tentar cavar a bola na sua tacada.

As tacadas curtas precisam ser planejadas. Observe os declives e a velocidade do *green* e tente imaginar o caminho que a bola percorrerá rolando.

Pegada mais baixa no taco para maior controle

Peso mais concentrado no seu lado esquerdo

O taco toca a grama no seu caminho até a bola

CAVAR: tocar na parte de baixo da bola para que ela vá para cima.

 O taco é erguido suavemente e sob controle. Mesmo no *chip* mais longo, o taco não alcança a posição horizontal no *backswing*.

 Suas mãos guiam o taco até o toque, com seus braços à frente da cabeça do taco antes e durante o impacto com a bola.

 Mantenha a cabeça abaixada e os punhos firmes durante o movimento. A cabeça do taco deve terminar apontando para o alvo e não para cima, sobre os ombros.

Termos do golfe

Caindo no bunker

Os *bunkers* ficam no *fairway* e em volta do *green* esperando por tacadas que não foram muito precisas. Não se apavore ao ver sua bola caindo ou rolando para dentro de um *bunker* – um bom jogo de *bunker*, utilizando apenas um *sand wedge* ou outro taco com bastante ângulo, pode lhe economizar várias tacadas perdidas. Em tacadas no *bunker*, não deixe que seu taco toque a areia quando estiver se dirigindo à bola ou você terá duas tacadas de penalidade marcadas no seu placar.

Se sua bola aterrissa diretamente no *bunker*, ela pode se afundar na areia. Você precisará acertar com força a parte de trás da bola com seu *sand wedge*.

A tacada *splash* é a maneira mais comum de tirar a bola do *bunker*. Com uma postura aberta e o taco "flutuando" bem próximo da areia, erga o taco para trás suavemente e então para baixo. A cabeça do taco deve estar ligeiramente para trás das suas mãos no momento da tacada. Mantenha seus olhos no alvo na areia onde você quer que o taco a atinja – mais ou menos entre 3 e 6 centímetros atrás da bola. Não deixe que seu taco pare na areia. Em vez disso, dê o *follow-through* suavemente, com seus membros superiores girando para acompanhar a bola.

Quando se dirigir à bola, mexa os pés ligeiramente para que se encaixem na areia. Paire a cabeça do taco sobre a areia, bem atrás da bola.

Tiger Woods dá uma tacada *splash* num *bunker*, acertando através da areia a parte de trás da bola, o que a levanta no ar. Os pés e as pernas dele estão numa posição aberta, apontando para a esquerda de seu alvo.

Entrando no jogo

37

Não aumente a velocidade do seu swing para forçar a bola para fora da areia.

Sempre entre e saia do *bunker* pelo lado mais baixo, pois assim você não danifica a face escarpada dele.

Sempre alise suavemente a areia após a tacada no *bunker* para deixá-lo em condições perfeitas para o próximo golfista.

A tacada completa deve ser suave e com bom ritmo. Seu taco deve terminar em posição de mesma distância do *backswing*.

Grandes nomes

Sergio Garcia
Grandes jogadores de *bunkers*, como o espanhol Sergio Garcia, confiam na sola pesada de seus *sand wedges* para cortar a areia e levantar a bola para fora do *bunker*. Garcia sempre leva tempo nos *bunkers*, focando num ponto à frente onde ele deseja que a bola caia depois da tacada.

POSTURA ABERTA: quando os pés e, às vezes, os ombros do golfista apontam à esquerda do alvo.

Na grama alta

Cair na grama alta ou em outra posição complicada faz parte do jogo. Se você estiver numa posição difícil, procure o caminho mais rápido e curto de volta ao *fairway*, mesmo que a tacada não o deixe tão próximo do buraco. Se sua bola estiver numa grama não tão alta, você pode usar seu *swing* normal, mas com um taco híbrido ou bem angulado como um ferro sete para tirar a bola dessa situação. A grama mais alta exige uma tacada diferente (veja à direita).

Tiger Woods dá o *follow-through* à sua tacada após utilizar um ferro para acertar a bola na grama baixa. Ele e outros golfistas profissionais avaliam a posição precisa da bola para decidir que tipo de jogada será mais segura.

Veja bem onde sua bola cai no azar de água para recuperá-la.

Se acertar a bola num azar de água raso, você pode jogar, e assim não ser penalizado, ou soltar a bola (veja página 41) e adicionar uma tacada ao seu placar. Certifique-se sempre de que a bola encontrada na água é a sua antes de jogá-la.

Uma boa posição na grama alta significa que você pode jogar com um ferro comum médio ou curto.

Cuide para que a grama alta não agarre ou envolva a cabeça do taco.

Entrando no jogo

 1 Para sair da grama alta, utilize um taco com bastante ângulo, como um *wedge*, e jogue o peso do seu corpo sobre o pé da frente.

 2 A bola está mais perto do seu pé de trás nesta posição. Dê um *swing* mais forte para baixo, com um pouco mais de velocidade que o normal.

 3 Mantenha o taco em movimento através da grama até acertar a bola. O ângulo da face deve empurrar a bola para cima.

 4 Gire o quadril ao acertar a bola e continue a virar para ter um longo e bom *follow-through*.

Você pode tirar impedimentos soltos (como pedras e galhos) e obstruções artificiais (como latas de bebidas e outros lixos) de perto da sua bola sem penalidades. Contudo, você não pode amassar ou esfregar a grama. Se você removeu a grama para encontrar a bola, recoloque-a no lugar sem mexer na bola.

DICAS PROFISSIONAIS

Mantenha uma pegada mais firme que o normal no seu taco na grama alta para que a face do taco não gire quando tocar nela.

Se sua posição for boa, você pode dar uma tacada baixa, fazendo a bola passar sob os galhos. Dirija-se à bola com suas mãos à frente dela e use um *swing* de três quartos com um ferro médio e um *follow-through* mais curto.

Para entender os efeitos da grama no seu taco, sempre pratique swings nela, bem longe da sua bola.

HÍBRIDO: um taco que é uma mistura de madeira com ferro.

Bola perdida

Uma bola na grama alta deve ser jogada da posição em que se encontra. Você pode decidir que ela está impossível de ser jogada e, então, soltar uma bola e adicionar uma tacada ao seu placar.

Tacadas ruins acontecem. Elas podem levar você a perder a bola ou encontrá-la numa posição difícil. Se sua bola está perdida, adicione uma tacada ao seu placar e jogue com uma bola nova da posição em que você estava quando jogou a anterior. Se perdeu uma bola do *tee*, você pode retornar a ele e sua próxima tacada contará como sendo a terceira.

Sua bola pode estar parada num galho solto ou numa obstrução artificial. Eles podem ser removidos, contanto que você não mexa na bola.

Ernie Els procura sua bola durante o Open Championship de 2004. Você pode procurá-la por cinco minutos. Depois disso, a bola é considerada perdida e você deve jogar com outra, adicionando uma tacada de penalidade e mais a tacada perdida ao seu placar.

Este jogador teme ter perdido sua bola (azul). Então ele joga com uma segunda bola provisória (vermelha). Se encontrar a primeira bola, ele deve jogar nela. Caso não encontre, ele joga com a segunda bola, adicionando uma tacada de penalidade e mais a tacada perdida ao seu placar.

Entrando no jogo

Se você deseja soltar a bola, pegue o taco mais longo na bolsa – geralmente, é o *driver*.

Utilize o taco para medir duas vezes sua distância para trás da posição inicial da bola, nunca em direção ao buraco.

Desta posição, fique parado e com o corpo reto e solte a bola da altura do ombro com seu braço completamente esticado.

Se sua bola está numa posição impossível de ser jogada, você pode jogar novamente a tacada da posição inicial ou soltar uma bola, sendo que nos dois casos você deve adicionar uma tacada de penalidade ao seu placar. Uma bola solta deve ser novamente lançada caso ela role para fora dos limites do campo, dentro de um azar, para dentro do *green* ou a mais de dois tacos de distância da posição original.

Os limites do campo de golfe geralmente são sinalizados com marcadores brancos. Uma bola lançada para fora dos limites não pode ser jogada, e uma nova tacada deve ser feita da posição original.

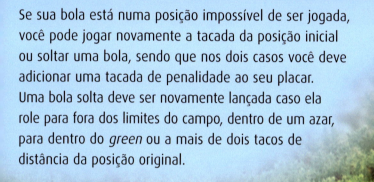

BOLA PROVISÓRIA: uma segunda bola jogada do mesmo ponto da última tacada quando a primeira bola possa estar perdida ou fora dos limites.

DICAS PROFISSIONAIS

Se estiver procurando uma bola com golfistas esperando a vez, acene para que eles prossigam em seu jogo.

No green

O momento do *putt* é aquele em que você terá mais chances de economizar tacadas se jogar bem ou de acabar ficando com um placar alto se jogar mal. Um bom *putt* manda a bola rolando suavemente pelo *green* sem saltar ou balançar. Seus punhos e mãos ficam na mesma posição e não se dobram durante o movimento. Em vez disso, o taco, os ombros e os braços se movem juntos como se fossem uma coisa só, como um pêndulo.

A cabeça fica parada como uma pedra durante o *putt*

O ombro esquerdo fica para baixo no *backswing*

Ombros curvados para dentro

As mãos seguram levemente com os dois dedões apontando para baixo na vara do taco

Face do taco perpendicular e bem atrás da bola

A bola próxima ao pé da frente na postura

A imobilidade é o quesito-chave para um *putt* preciso. Sua cabeça deve ficar para baixo e perfeitamente imóvel por um bom tempo após a tacada ter sido feita. Da cintura para baixo, nada deve se mover. O peso do seu corpo deve ser distribuído igualmente sobre os pés. Seu *putter* (taco) deve se mover num arco desde o *backswing* até o *follow-through*. A face do *putter* fica perpendicular à bola enquanto seus pés apontam numa linha paralela à linha que a bola seguirá.

Concentre-se na parte de trás da bola e fique imóvel. Não toque na bola quando se dirigir a ela, ou isso contará como uma tacada.

Entrando no jogo

43

Você pode dar um *putt* mesmo não estando no *green*. Se sua bola estiver nas proximidades do *green* ou em uma boa posição, e a grama à frente for curta, um *putt* pode ser uma tacada mais precisa para um iniciante do que um *chip* ou um *pitch*.

Mantenha as mãos niveladas ou à frente da bola durante a tacada.

Seus ombros começam o movimento do *putt* trazendo o *putter* para trás, devagar. Tente dar um *swing* com a cabeça do *putter* para trás e para frente na mesma velocidade, com a cabeça do taco próxima ao solo. Sua cabeça permanece imóvel, e o formato em Y dos seus braços e taco não se altera quando ele acerta a bola e dá o *follow-through*, que tem a face apontando na direção do caminho da bola.

Os *greens* raramente são planos. Logo, você deve projetar o caminho da bola para que ela siga as curvas. Para saber mais sobre a leitura do *green*, vá para a página seguinte.

Este professor de golfe está segurando um taco verticalmente para verificar se a cabeça do jogador está posicionada diretamente sobre a bola.

Para melhorar sua mira durante os treinos, alinhe a bola no *green* com o logotipo estampado nela apontando para a linha que você quer que ela siga.

PROXIMIDADE DO *GREEN*: a grama bem cortada mais próxima em volta do *green*.

Este jogador está levando em conta a curva da esquerda para a direita, mirando sua bola num ponto à esquerda do buraco (linha azul). A bola irá até aquele ponto antes de mudar seu percurso e curvar-se para baixo e à direita na direção do buraco.

Alinhe a cabeça do seu *putter* atrás da bola na direção exata em que você quer acertá-la. Então, alinhe seus pés e o corpo ao redor do taco e da bola.

Esta jogadora está lendo o *green* e verificando o quanto ele se inclina para pensar na melhor linha do seu *putt*.

No buraco

Pratique seu *putt*. Sua tacada deve ser sólida e repetida com grande precisão sob pressão. Em muitos *greens*, você se depara com o desafio de aprender a ler as curvas e contornos para saber a linha precisa na qual sua bola deve rolar para o buraco. Você precisa aprender a trabalhar a quantidade de força necessária para mandar a bola na distância correta.

Levante delicadamente a grama amassada com o reparador de *pitch*. Dê o acabamento pressionando levemente para baixo com a sola do seu *putter*.

Para ler um *green*, agache-se um pouco atrás de sua bola e deixe seu taco no ar, equilibrado verticalmente. Você vai notar como o *green* se inclina. A inclinação fará com que a bola siga um caminho curvo, e então você deve estabelecer um ponto-alvo para mirar a bola e jogá-la na inclinação.

Para remover a bola do caminho, coloque um marcador atrás dela sem tocá-la, e então a erga.

Entrando no jogo

Quando caminhar no *green* à procura de inclinações, tome cuidado para não pisar na linha de *putt* de algum outro golfista.

Sempre dê o putt *na direção do seu alvo e deixe que as inclinações façam seu serviço.*

- - - ▶ Linha para usar a inclinação a favor

- - - ▶ Linha reta para o buraco

Grandes nomes

Padraig Harrington
Padraig Harrington leva tempo lendo o *green* antes de alinhar seu *putt*. O irlandês é conhecido pelo *putt* preciso, o que o ajudou a vencer três Majors e muitos outros torneios. No PGA Tour (série de campeonatos profissionais), ele é quase sempre um dos jogadores que utilizam menos *putts* por jogada.

Para acertar *putts* longos, não dê *swings* rápidos ou force o taco para frente. Em vez disso, prolongue o *backswing* e bata suavemente e com a mesma velocidade para aumentar a distância que a bola percorrerá. Tente dar um *putt* com força suficiente para que, se sua bola errar o buraco, ela passe apenas de 30 a 60 cm dele. Muitos iniciantes caem em tentação e acabam deixando seus *putts* a metros dos buracos.

Lembre-se das regras-chave no *green*, incluindo recolocar suavemente a bandeira do buraco. Você não pode treinar *putts* com a bola, mas você pode tirar qualquer impedimento solto do caminho, como folhas ou galhos.

Termos do golfe — **LINHA:** o caminho que se espera que a bola percorra até o buraco.

45

Concentração total

O planejamento de um jogo de placar baixo é chamado de gerenciamento de curso. Saber o quão longe se pode mandar a bola com diferentes tacos ajuda a planejar e dar menos tacadas, e também a entender as condições do campo. Quando ele está molhado, por exemplo, a bola rola menos do que quando está seco e duro. Tacadas e decisões ruins acontecem, mas tire isso da sua cabeça e concentre-se na forma de sair do problema de modo seguro.

Grandes nomes

Jack Nicklaus
Jack Nicklaus conseguia planejar seu caminho pelo circuito sempre com o menor número de tacadas possível. Isso o ajudou a evitar muitas jogadas ruins e o levou a ganhar 114 torneios profissionais.

Use o tempo em que caminha entre as tacadas para se concentrar no buraco e na melhor forma de completá-lo.

- júnior experiente
- amador adulto excelente
- novato

Área do tee

Três golfistas jogam neste buraco. O azul sabe que seu *drive* vai longe e passa pela corrente. O *drive* do vermelho é mais curto, e ele para antes do riacho. O amarelo é um novato e dá um *drive* curto.

 Entrando no jogo

47

Confira a força e a direção do vento jogando um pouco de grama solta no ar. Se o vento estiver forte, você pode querer mudar de taco.

Se seu *putt* estiver na mesma linha de *putt* de outro golfista, observe-o atentamente. Isto se chama *"going to school"* ("indo para a escola").

Errar um *putt* curto é chato, mas tire isso da sua mente e concentre-se na próxima jogada.

par 4

O azul mira diretamente no *green*. Tanto o azul quanto o vermelho querem chegar à parte superior do *green* para um *putt* mais tranquilo.

A segunda tacada do vermelho caiu à esquerda no *fairway*, com um bom ângulo para a bandeira.

Depois de um *drive* curto, o amarelo acerta sua segunda tacada pouco antes do riacho. Então ele tenta uma tacada longa, mas ela cai na face escarpada do *bunker*. Em vez de arrumar mais problemas jogando para frente, ele atira a bola para o lado, e então, com uma tacada *chip*, chega ao *green*.

Sua posição num *bunker* no *fairway* determina que tacada você pode jogar. Aqui, a jogadora tem uma boa posição e, em vez de um *wedge*, ela pode jogar com um ferro sete para chegar ao *green*.

POSIÇÃO DA BOLA: onde o jogador encontra sua bola depois de uma tacada.

Jogo de números

Há diferentes maneiras de se pontuar em um jogo de golfe. Quando estiver jogando por diversão, você simplesmente marca quantas tacadas deu e tenta obter a menor quantidade possível. As competições de *stroke play* são parecidas, sendo declarado vencedor o golfista que tiver o menor número na somatória das tacadas. No *match play*, os golfistas jogam diretamente contra um oponente em alguns buracos, vencendo cada buraco aquele que der menos tacadas. Se os dois derem o mesmo número de tacadas, então a pontuação é dividida.

Número do buraco

O indicador de dificuldade numera os buracos de 1 a 18, sendo mais difícil o número 1

Jardas partindo do *tee* masculino

Um professor explica as regras a jovens jogadores. Se você pretende participar de competições, é essencial pegar um livro de regras e aprender tudo sobre o esporte.

Quando jogar com outros golfistas, marque a bola deles com uma caneta para que eles possam identificá-las o tempo todo. Jogar com a bola errada resulta em penalidades.

O Royal and Ancient Golf Club de St. Andrews, na Escócia, é tido como a casa do golfe. Uma organização à parte, o R&A, determina as regras do golfe por todo o mundo, exceto nos Estados Unidos e no México.

Entrando no jogo

49

RTÃO DE JOGO

10 Julho
M Buckley

| | | | | H/CAP | PONTUAÇÃO |
| | | | | 21 | |

PTS.	B	PTS.	JARDAS	PAR	STROKE INDEX
6			461	5	13
4			336	4	5
7			426	5	3
			165	3	15
			358	4	11
			361	4	1
			137	3	17
			450	5	9
			383	5	7
			3077	38	
			259	4	10
			468	5	6
			379	4	4
			115	3	18
			350	4	2
			376	5	12
			312	4	16
			140	3	14
			337	4	8
			2736	36	
			3077	38	
			5813	74	

ASSINATURA DO JOGADOR   M Buckley

Placar do jogador

Jardas partindo do *tee* dos juniores

Total de jardas para os nove buracos externos

Total de jardas para os nove buracos internos

Um cartão de pontuação no golfe pode parecer complicado, mas é bem fácil de ser preenchido. Marque sua pontuação de forma correta ou você pode até ser desqualificado de um torneio.

Em partidas profissionais, os árbitros dão seu parecer em caso de dúvida, por exemplo, se uma bola está ou não impossível de ser jogada.

As pontuações acima do par são mostradas num placar com um sinal de mais. Aqui, o 49 acima do par de Stefan Langer é mostrado após duas rodadas no KLM Open (torneio dos Países Baixos) de 2007.

Quando você joga regularmente num campo, pode obter um *handicap*. Este é o número de tacadas que fazem com que você possa competir em igualdade de condições com um golfista melhor. Os golfistas juniores podem ter um *handicap* de até 36 tacadas. Os profissionais jogam do zero. Em uma competição *stroke play*, seu *handicap* é subtraído das tacadas que você deu até o seu placar final.

O golfe é um esporte de educação e respeito. Ganhando ou perdendo, você sempre deve cumprimentar o oponente ao final da partida.

O que é uma jarda?
1 jarda = 0,9 metros
100 jardas = 91 metros
500 jardas = 457 metros

INDICADOR DE DIFICULDADE: mostra a dificuldade de cada buraco, indo do 1 ao 18.

Termos do golfe

Golfe profissional

Os grandes profissionais são pagos para competir em dezenas de torneios ao redor do mundo. Com milhões em prêmios a oferecer, a competição é acirrada. Os melhores golfistas competem no PGA Tour nos Estados Unidos ou no European Tour, que acontecem paralelamente a torneios regionais como o Japan Tour e o Asian Tour. Além desses, há torneios secundários e desafios. Obtendo sucesso nos torneios menores, um jovem profissional pode "ganhar sua passagem" para os torneios maiores.

Grandes nomes, como Colin Montgomerie, na maior parte das vezes jogam individualmente em torneios de quatro rodadas de 18 buracos. Eles também se juntam a times em eventos de *match play*. Para homens, o mais famoso é o Ryder Cup e, para as mulheres, o Solheim Cup.

Quando encerram a carreira, os veteranos entram em torneios para campeões ou seniores. Onze jogadores, entre eles Tom Watson, Hale Irwin e Tom Kite, já ganharam mais de 20 milhões de dólares no PGA Champions Tour para jogadores com mais de 50 anos de idade.

"Você sempre pode melhorar."
Tiger Woods

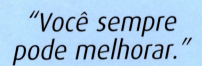

A técnica incomum de leitura de *putt* de Camilo Villegas deu a ele o apelido de "Homem Aranha". Como todos os profissionais, o colombiano confia nos conselhos de seu *caddie*.

O jovem Rory McIlroy entrou no top 20 mundial ainda adolescente, quando ganhou o Dubai Desert Classic de 2009.

Entrando no jogo

51

Sergio Garcia sai de um *bunker* no Ryder Cup de 2008. Cada time tinha 12 jogadores que disputaram um total de 28 partidas. A equipe dos Estados Unidos venceu o time europeu de Garcia por 16,5 a 11,5.

Vestidos de duendes irlandeses, fãs torcem para o time europeu no Ryder Cup de 2008. Milhares de espectadores se aglomeraram para ver os melhores jogadores em ação.

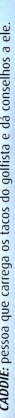

CADDIE: pessoa que carrega os tacos do golfista e dá conselhos a ele.

Os Majors

Os maiores torneios profissionais do golfe são conhecidos como Majors. Existem quatro Majors para homens e quatro para mulheres. O calendário masculino começa com o Masters, depois vêm o US Open, o Open Championship, e finalmente o PGA Championship. O primeiro Open Championship ocorreu em 1860, tornando-se o mais antigo e o único que não acontece nos Estados Unidos. Os quatro Majors femininos são o Kraft Nabisco Championship, o LPGA Championship, o US Women's Open e o Women's British Open.

Inbee Park (à direita) comemora com a colega coreana Ji Young Oh depois de ganhar o US Women's Open de 2008 por quatro tacadas. Na época, ela tinha apenas 19 anos.

O campeão do Masters de 2009, Angel Cabrera, recebe o famoso blazer verde do campeão do ano anterior, Trevor Immelman.

Y.E. Yang comemora seu *birdie* no buraco 18, em Hazeltine, que o levou à vitória sobre Tiger Woods e ao título do PGA Championship de 2009. Yang se tornou o primeiro asiático campeão de um Major.

"Se há um campo de golfe no céu, espero que ele seja igual ao Augusta National."

Gary Player

Entrando no jogo

Brittany Lincicome dá o *drive* do 5º buraco no Kraft Nabisco Championship de 2009. Ela venceu o torneio de maneira dramática, com um *eagle* no último buraco, e comemorou pulando dentro de um lago próximo.

> "Todo jogador que se preze tem de cruzar o mar e tentar vencer o British Open."
> *Jack Nicklaus*

Jean van de Velde fica parado vendo suas chances de vencer o Open de 1999 irem por água abaixo. Ele estava na frente do eventual vencedor, Paul Lawrie, por dez tacadas, no início da quarta rodada.

Kenny Perry se desespera após errar um *putt* durante o Masters de 2009. Com 49 anos, Perry estava bem próximo de ser o mais velho vencedor do Masters, mas perdeu no *play-off* para o argentino Angel Cabrera.

Padraig Harrington comemora a vitória no Open Championship de 2008 por três tacadas. Harrington venceu o torneio no ano anterior, feito que Tiger Woods, Lee Trevino e Tom Watson também haviam conseguido.

O prestígio de se vencer um Major, junto da grande quantia em prêmios (em 2009, o PGA, o Masters e o US Open masculinos ofereceram 1,35 milhão de dólares ao vencedor), atrai os melhores golfistas do mundo. Isso faz com que ocorram competições intensas e memoráveis. De 2006 a 2009, por exemplo, os 16 Majors femininos tiveram 15 campeãs diferentes.

PLAY-OFF: competição que determina o vencedor caso os menores placares estejam empatados.

Termos do golfe

Grandes buracos

O St. Andrews Old Course começou com 22 buracos, mas em 1764 esse número foi reduzido para 18, o que se tornou padrão mundial.

Existem milhares de campos de golfe ao redor do mundo. Alguns são famosos pela localização e desenho, e porque abrigam grandes competições, como o Solheim e o Ryder Cup, que sediam Majors masculinos e femininos. Muitos desses cursos têm buracos consagrados que estão entre os mais fotografados e famosos no mundo do golfe.

Área do *tee* do 17º – o Road Hole

Hotel do Old Course (com janelas de vidro reforçado)

O St. Andrews Old Course, no Reino Unido, é um dos campos mais antigos e famosos. Tem locais escuros e sem árvores e alguns buracos com *greens* gigantes, isto é, você pode chegar à superfície de *putt*, mas ainda assim estar a 60 metros do buraco. O Old Course sediou o Open Championship 28 vezes, o último em 2010.

David Durval precisou de quatro tacadas para sair do *bunker* do Road Hole no Open de 2000, uma a menos que Tommy Nakajima no Open de 1978.

O 17º buraco no Old Course é um *dogleg* de par quatro com o *tee* localizado contra o muro delimitador do curso. O *fairway* é terrivelmente estreito em alguns pontos, a grama alta é traiçoeira e há um *bunker* muito profundo (à direita), em frente ao *green*, que deve ser evitado.

Entrando no jogo

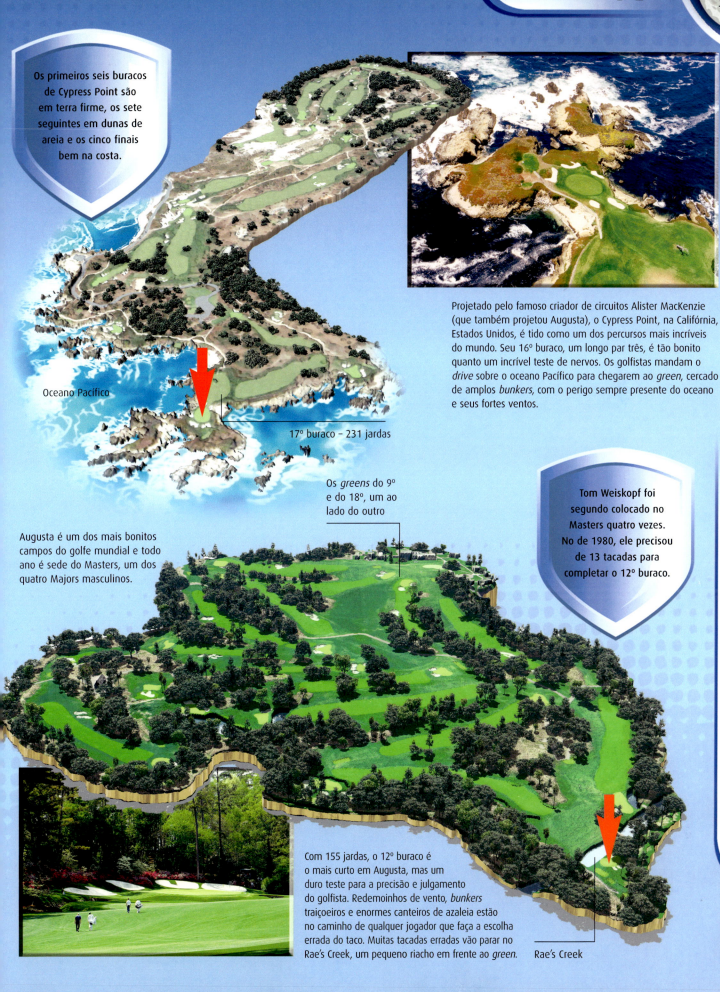

Os primeiros seis buracos de Cypress Point são em terra firme, os sete seguintes em dunas de areia e os cinco finais bem na costa.

Projetado pelo famoso criador de circuitos Alister MacKenzie (que também projetou Augusta), o Cypress Point, na Califórnia, Estados Unidos, é tido como um dos percursos mais incríveis do mundo. Seu 16º buraco, um longo par três, é tão bonito quanto um incrível teste de nervos. Os golfistas mandam o *drive* sobre o oceano Pacífico para chegarem ao *green*, cercado de amplos *bunkers*, com o perigo sempre presente do oceano e seus fortes ventos.

Oceano Pacífico

17º buraco – 231 jardas

Os *greens* do 9º e do 18º, um ao lado do outro

Augusta é um dos mais bonitos campos do golfe mundial e todo ano é sede do Masters, um dos quatro Majors masculinos.

Tom Weiskopf foi segundo colocado no Masters quatro vezes. No de 1980, ele precisou de 13 tacadas para completar o 12º buraco.

Com 155 jardas, o 12º buraco é o mais curto em Augusta, mas um duro teste para a precisão e julgamento do golfista. Redemoinhos de vento, *bunkers* traiçoeiros e enormes canteiros de azaleia estão no caminho de qualquer jogador que faça a escolha errada do taco. Muitas tacadas erradas vão parar no Rae's Creek, um pequeno riacho em frente ao *green*.

Rae's Creek

DOGLEG: um buraco que, no seu *fairway*, possui uma curva acentuada para a direita ou para a esquerda.

Termos do golfe

Lendas do golfe

O golfe revelou jogadores incríveis por todo o mundo. Aqui estão os perfis de algumas das lendas do jogo, assim como estrelas em ascensão.

Anthony Kim
Um talento americano promissor, Kim venceu o PGA Tour e teve uma excelente estreia na Ryder Cup em 2008. Ele integrou o time americano na President's Cup em 2009.

Greg Norman
Greg Norman, o mais bem-sucedido golfista australiano, era um jogador agressivo e entusiasmado, que teve mais de 85 vitórias em torneios ao longo da sua carreira. Ele perdeu muitos Majors, mas venceu o Open duas vezes e foi o número um do mundo por 331 semanas.

Annika Sörenstam
Annika Sörenstam se aposentou em 2008 aos 38 anos de idade, tendo vencido 90 torneios – entre eles dez Majors – e recebido mais de 22 milhões de dólares em prêmios. Foi a primeira golfista a marcar 59 numa competição e, em 2005, foi a primeira competidora em quase sessenta anos a jogar no PGA masculino.

Bobby Jones
Um dos primeiros grandes campeões foi o surpreendente e imprevisível Bobby Jones. Ele jogou apenas como amador e se aposentou aos 28 anos, tendo ganhado o US Open quatro vezes e o Open três vezes. Em 1930, ele conseguiu a incrível marca de quatro Majors num mesmo ano.

Entrando no jogo

Tom Watson
Um dos melhores golfistas americanos, Watson venceu 66 torneios, incluindo oito Majors. Com 59 anos, Watson tinha de acertar um *putt* para vencer seu sexto Open Championship em 2009, mas acabou perdendo.

Ernie Els
Els ficou famoso em 1984, quando conquistou o campeonato mundial de juniores. Ele se tornou profissional em 1989 e encantou os espectadores com seu *swing* leve, seus *drives* longos e, muitas vezes, incríveis *putts*. Els venceu 60 torneios profissionais e esteve entre os dez melhores golfistas do mundo por mais de quatorze anos.

Babe Zaharias
Babe Zaharias se destacou no beisebol, no basquete e no atletismo (onde ganhou um ouro olímpico) antes de se tornar golfista. Ela se destacou ao vencer dez Majors e, em 1946, incríveis treze campeonatos seguidos. E ajudou a fundar a LPGA (associação de golfe das mulheres) em 1949.

Michelle Wie
Wie (à esquerda) se qualificou para o torneio Amador do USGA quando tinha apenas 10 anos, e se tornou profissional aos 15. Ela jogou quatorze torneios contra homens e terminou empatada em segundo e terceiro em todos os quatro Majors femininos. Em 2009, conquistou seu primeiro campeonato do LPGA.

Termos do golfe — **PGA:** sigla da Associação dos Golfistas Profissionais, órgão que regula o golfe masculino nos Estados Unidos.

Lorena Ochoa
A mais bem-sucedida golfista mexicana. Seu *drive* poderoso e o *putt* brilhante sob pressão a levaram a conquistar 27 torneios do LPGA em apenas cinco anos. Ochoa se tornou a número um do mundo em 2007, e desde então permanece no topo.

Jack Nicklaus
"O Golden Bear" (Urso de Ouro) é considerado por muitos o maior golfista de todos os tempos. Ele venceu seu primeiro Major em 1962 e o último em 1986, num total recorde de 18. Um excelente jogador e pensador do esporte, Nicklaus venceu mais de 100 competições, e sua empresa, que projeta campos de golfe, é uma das maiores do mundo.

Phil Mickelson
Mickelson é o jogador canhoto mais bem-sucedido da atualidade no PGA Tour. Seu jogo agressivo foi derrotado em alguns torneios (ele foi vice ou chegou empatado na segunda colocação cinco vezes no US Open), mas o fez ganhar muitos fãs. Ele venceu três Majors e 33 torneios dentro do PGA Tour.

Tiger Woods
"O Tigre" (The Tiger) revolucionou o golfe profissional masculino, vencendo 14 Majors e 95 torneios. Ele foi o número um por mais de 570 semanas – incríveis 11 anos! Uma lesão séria no joelho interrompeu sua temporada 2008/09, mas ele ainda conseguiu vencer cinco torneios em 2009 e terminou em segundo no PGA Championship.

Entrando no jogo

Ryo Ishikawa

O ainda adolescente Ishikawa já é ídolo no Japão, onde conquistou seis vezes o competitivo Japan Tour. Sua primeira vitória foi aos 15 anos e, em 2009, aos 18, ele entrou no ranking dos 50 melhores do mundo.

Vijay Singh

Vijay Singh é o mais bem-sucedido jogador da região do Pacífico. Ex-número um do mundo, Singh venceu 58 torneios profissionais, o Masters em 2000 e o PGA Championship duas vezes.

Severiano Ballesteros

Poucas visões no golfe são tão empolgantes quanto a de Ballesteros jogando seu melhor. Muitas vezes instável, mas abençoado com grandes tacadas de recuperação, o espanhol ganhou cinco Majors e mais de 50 campeonatos europeus. Um grande admirador do Ryder Cup, ele o venceu cinco vezes como jogador e capitão. Ele é muito conhecido por seu jogo curto.

Sergio Garcia

Sergio Garcia é um golfista agressivo que venceu o PGA Tour e o European Tour e participou de cinco Ryder Cups. Ele terminou em quarto lugar ou em posições melhores em todos os quatro Majors sem vencer nenhum, mas em 2008 ganhou mais de 6,9 milhões de dólares, mais que qualquer golfista.

Colin Montgomerie

Montgomerie dominou o golfe europeu nos anos 1990, vencendo oito títulos Order of Merit, um em 2005 e sete na sequência entre 1993 e 1999. O escocês foi um dos maiores jogadores de todos os tempos do Ryder Cup e capitão do time europeu em 2010. Venceu 40 torneios profissionais.

TACADA DE RECUPERAÇÃO: tacada jogada numa situação difícil, como em grama muito alta.

Termos do golfe

Golfe ao extremo

O golfe foi marcado por vários momentos inusitados. Muitos jogadores já deram tacadas bizarras, foram pegos pelo clima ou caíram perto de animais selvagens. Sam Snead, a lenda do golfe, foi perseguido no curso por um avestruz, e Gary Player e Jack Nicklaus fugiram de buracos ao serem atacados por abelhas. Mas nem todos esses encontros com animais são negativos. Em 1981, Ted Barnhouse acertou um buraco quando seu *drive* quicou na cabeça de uma vaca direto nele!

Um golfista joga no meio da cidade de Londres durante um evento em 2006, o Jameson Urban Golf. O golfe urbano utiliza bolas feitas de sacos de sementes para evitar danos e um pedaço de grama portátil de onde se acerta a bola.

O *green* no formato do continente africano do 19º buraco do Legends Course, na África do Sul, tem uma vista impressionante. O buraco é um par três, mas o *tee* só é alcançado de helicóptero, pois fica 430 metros acima do *green*. Tem 1 milhão de dólares bem bacanas esperando o golfista que acertar o buraco em uma única tacada.

Entrando no jogo

Os campos também podem ser inusitados. O 14º buraco de par três do Coeur d'Alene, em Idaho, Estados Unidos, tem um *green* flutuante num lago onde só se chega de barco. Outros percursos são feitos sobre desertos arenosos ou em gelo, enquanto que o golfe urbano às vezes é praticado dentro das cidades.

O golfe pode até mesmo ser jogado na neve, com a ajuda de uma bola colorida. Os World Ice Golf Championships acontecem na Groenlândia, todo ano, em oito buracos cheios de neve.

Grandes nomes

Bernhard Langer

Num torneio em 1981, em Fulford, Inglaterra, o grande golfista Bernhard Langer deu sua tacada de *approach* no 17º buraco nas árvores. A bola acabou parando nos galhos, a 5 metros do chão. Destemido, Langer trepou na árvore e deu um *chip* na bola diretamente ao *green*.

TACADA DE APPROACH: tacada que manda a bola do *fairway* para perto ou dentro do *green*.

Glossário

alinhamento
Forma como um golfista ajeita seu taco e o corpo em relação à bola e ao alvo que ele mira.

ângulo de *loft*
O ângulo da face do taco. Um ferro nove, por exemplo, tem muito mais ângulo que um três.

área de *tee*
Área demarcada no início do buraco onde os jogadores dão a primeira tacada, o *drive*.

azar de água
Área de água permanente no percurso, como lago, lagoa, rio, riacho, canal.

backswing
O movimento do taco para trás, afastando-se da bola.

birdie
Acertar o buraco com uma tacada abaixo do par.

bogey
Acertar o buraco com uma tacada acima do par.

bola provisória
Uma segunda bola lançada do mesmo ponto no caso de a primeira estar perdida ou fora dos limites.

bunker
Obstáculo de areia construído para dificultar o jogo.

caddie
Pessoa que carrega os tacos do golfista e dá sugestões.

dirigir-se à bola
Posicionar-se e preparar-se para a tacada.

divot
Tufo de grama arrancado do chão com a tacada e que deve ser recolocado no lugar.

dogleg
Buraco que possui uma curva acentuada no *fairway*, para a direita ou esquerda.

double bogey
Acertar o buraco com duas tacadas acima do par.

eagle
Acertar o buraco com duas tacadas abaixo do par.

efeito
Uma tacada faz com que a bola gire no ar e caia para o lado do buraco.

etiqueta
Bom comportamento e respeito em relação aos outros golfistas no percurso.

fairway
A parte central do campo, com grama bem cortada, normalmente entre o *tee* e o *green*.

fore!
Grito de alerta quando a bola acaba indo na direção de outros golfistas.

green
Área onde fica o buraco com a sua bandeira, caracterizado pelo corte baixo da grama.

handicap
Sistema utilizado no golfe amador para dar aos golfistas de diferentes níveis a possibilidade de competir em igualdade de condições.

hole-in-one
Acertar a bola diretamente do *tee* no buraco.

honra de saída
Uma tradição onde o jogador que tiver o placar mais baixo no buraco anterior poderá ser o primeiro a sair do *tee*.

impacto
O momento em que o taco bate na bola durante o *swing*.

indicador de dificuldade
Numera de 1 a 18 a dificuldade de cada buraco em relação aos outros no percurso. O 1 é o mais difícil.

jardas
Medida usada para marcar a distância de cada buraco.

jogo curto
Tacadas que ocorrem dentro ou perto do *green*. *Putts*, *chips*, *pitches* e *bunkers* próximos ao *green* são característicos deste jogo.

lay up
Decisão do golfista em dar tacadas mais curtas e evitar, por exemplo, um *bunker* em frente ao *green*.

linha
O melhor caminho entre a bola e o buraco.

Glossário

Majors
Quatro torneios para homens e quatro para mulheres, considerados os maiores no golfe profissional.

marcadores de *tee*
Marcadores coloridos colocados na área de *tee*. Os golfistas devem dar o *drive* em linha com os marcadores e até dois tacos para trás.

marcas de *pitch*
Marcas no *green* causadas pela aterrissagem das bolas.

play-off
Competição em um ou mais buracos para desempatar os golfistas pelo menor placar.

posição da bola
Onde o jogador encontra sua bola após uma tacada. Como regra geral, a bola deve ser jogada sem que seja movida do lugar.

postura aberta
Quando os pés do golfista e, às vezes, os ombros apontam à esquerda do buraco.

putt
Tacada feita normalmente do *green* ou de perto dele. Ela é rolada utilizando-se um *putter*.

rodada
Nome dado ao percurso em que se jogam todos os buracos. Em muitos torneios profissionais, os golfistas jogam em torno de quatro buracos.

rough
Área onde a grama é mais alta e se torna mais difícil acertar a bola.

sand wedge
Um ferro muito angulado e com sola robusta usado para se sair dos *bunkers* de areia.

slice
Tacada que faz a bola girar. Veja "efeito".

stroke play
Formato de marcação de pontos numa competição onde o vencedor é aquele que utilizar menos tacadas para passar por todos os buracos.

tacada de *approach*
Tacada que manda a bola do *fairway* para perto ou dentro do *green*.

tacada de recuperação
Tacada jogada numa situação difícil, como em grama muito alta.

tee
Pino onde a bola é colocada para se dar a tacada inicial.

terreno em reparo
Áreas no campo marcadas pelos jardineiros onde a grama está sendo cortada ou replantada. Se sua bola cair nessa área, você pode soltar a bola sem que penalidades sejam adicionadas ao seu placar.

Sites

Em português

www.golfe.tur.br
Informações sobre campeonatos, história do golfe, equipamentos, glossário, eventos e outros assuntos relacionados ao esporte.

www.letsgolf.com.br
Aqui você encontra alguns termos técnicos bem como explicações científicas e a arquitetura dos tacos.

www.cbg.com.br
Este é o site da Confederação Brasileira de Golfe. Todas as informações sobre campeonatos e os links para as federações de cada estado são encontrados aqui.

Em inglês

www.pgatour.com
Informações sobre o PGA Tour, bem como estatísticas e recordes.

www.lpga.com
O site oficial da liga feminina. Dicas e informações sobre os torneios e as melhores jogadoras.

www.europeantour.com
O site oficial do European Tour, com entrevistas e novidades sobre os torneios.

Índice remissivo

A
alinhamento 18-19, 27, 62
ângulo de *loft* 9, 36, 38-39, 62
área de *tee* 11, 62
atravessando o *fairway* 30-31
azares de água 10, 38, 62

B
backswing 17, 23, 62
birdie 13, 52, 62
bogeys 13, 62
bola perdida 40-41
bolas provisórias 41, 62
bunkers 10, 27, 36-37, 47

C
caddies 50, 62
chip 34-35
campos de golfe 6, 10-11, 54-55, 60-61
cartão de pontuação 13, 48-49

D
divots 31, 62
doglegs 11, 29, 55, 62
double bogeys 13, 62
drivers 8-9, 29

E
eagle 13, 62
efeito 62
erros no *swing* 24-25
etiqueta 12-13, 62

F
fairways 11, 47, 62
ferros 8-9, 30-31
fora dos limites 41
fore! 13, 62

G
gerenciamento de curso 46-47
golfe ao extremo 60-61
golfe profissional 50-53
golfistas profissionais 50-53, 56-59
greens 13
greens para *putt* 10-11, 13, 15

H
handicaps 49, 62
hole-in-one 7, 62
honra de saída 62

I
impacto 62
indicador de dificuldade 49, 62

J
jardas 48, 62
jogo curto 62

L
lay up 63
lendas do golfe 56-59
linha 44-45, 62
luvas 9

M
madeiras 8-9
Majors 52-53, 62
marcadores de *tee* 28, 63
marcas de *pitch* 13, 63
match play 48-49

O
obstruções 32, 39, 40

P
pegada 16-17, 26
penalidades 38-39
pitch 32-33
pitch 'n' putts 14
play-offs 53, 63
posição da bola 41, 46-47, 63
posição inicial 18
postura 18-25, 28-29, 37
postura aberta 37, 62
putt 11, 13-15, 42-45, 47, 63
putters 8

R
rodada 63
rough (grama alta) 10, 38-39, 63
roupas 6

S
bolsa 8-9
saindo do *tee* 28-29
sand wedge 32, 36-37, 63

sites 63
slice 19, 63
stroke play 48-49, 63
swing 18-23, 27

T
tacadas de *approach* 31, 63
tacadas de recuperação 63
tacos 8-9
tacos híbridos 30, 39
tees 10-11, 38, 63
terreno em reparo 63
treino de *drives* 14
treinos 11, 14-15, 26-27

V
vento 47

W
wedges 8-9, 32, 36, 38-39

Créditos das fotos

O editor gostaria de agradecer às seguintes pessoas pela permissão em reproduzir seu material. Todo o cuidado foi tomado para se encontrar os detentores dos direitos autorais. Contudo, se houve qualquer omissão não intencional ou falha ao procurar os detentores, pedimos desculpas e nos comprometemos, se informados, a corrigir as futuras edições.

t = topo; r = rodapé; c = centro; e = esquerda; d = direita

Páginas 6 Getty/Joao Padua; 7 Corbis/Christina Salvador; 10 Corbis/Louie Psihoyos; 13 Shutterstock/Danny E. Hooks; 14 Shutterstock/Robert Kyllo; 14 Shutterstock/Theodor Ostojic; 14 Shuttersock/cycreation; 15t Shutterstock/Brad Thompson; 15r Corbis/Michael Yamashita; 17 Getty/Central Press; 19 Shutterstock/Barry Salmons; 21 Phil Sheldon Golf Picture Library; 26 Shutterstock/Barry Salmons; 36 Corbis/Charles W. Luzier; 37 Shutterstock/Barry Salmons; 38e Shutterstock/rusty426; 38d Corbis/Shaun Best/Reuters; 40-41 Phil Sheldon Golf Picture Library; 45 Shutterstock/Sportsphotographer.eu; 47 Shutterstock/Barry Salmons; 50r Getty/Don Emmert; 50td Shutterstock/Sportsphotographer.eu; 50rd Corbis/Toby Melville; 51t Getty/Harry How; 51r Getty/Fred Vulch; 52td Getty/Scott Halleran; 52re Getty/Jamie Squire; 52rd Getty/David Cannon; 53t Getty/Stephen Dunn; 53ce Phil Sheldon Golf Picture Library; 53c Getty/Don Emmert; 53cd Phil Sheldon Golf Picture Library; 53r Shutterstock/photogolfer; 54 Getty/David Cannon; 55t Phil Sheldon Golf Picture Library; 55r Corbis/Tony Roberts; 56e Shutterstock/photogolfer; 56d Shutterstock/photogolfer; 57t Shutterstock/Danny E. Hooks; 57r Shutterstock/photogolfer; 58te Shutterstock/photogolfer; 58td Shutterstock/LouLou Photos; 58cd Shutterstock/LouLou Photos; 58r Shutterstock/photogolfer; 59ct Shutterstock/Sportsphotographer.eu; 59ce Shutterstock/photogolfer; 59r Shutterstock/Sportsphotographer.eu; 60-61 Com permissão do The Legends Resort, África do Sul; 60td Phil Sheldon Golf Picture Library; 61te Shutterstock/Pedro Jorge Henriques Monteiro; 61r Phil Sheldon Golf Picture Library.